成語格言專集

曾子名言（下）

曾憲梓

曾子名言

成語格言專集

一〇九
一一〇

人非人不濟　水非水不流

人之相與也譬如舟車然相濟達也己先則援之彼先則推之是故人非人不濟馬非馬不走土非土不高水非水不流

大戴禮記·曾子制言上

人們相互共事，就像行船駛車那樣，相互幫助才能通達。自己在前就拉，別人在前就推。所以人沒有別人的幫助就不能成功，馬離開馬群就不奔馳，土堆不增添新土就不再增高，水不增加新水就不會流動。

世界萬物是相互依存的，人類社會也是在相互依存中發展起來的，人們之間就是要相互友愛、相互支持、相互幫助，這就是『相濟達』的道理，也是和諧之道。

樂人之善

君子己善亦樂人之善也己能亦樂人之能也己雖不能亦不以援人

大戴禮記·曾子立事

君子自己好，也喜歡別人好；自己有才能，也喜歡別人有才能；即使有的事自己沒有做好，也不要牽連別人。

這就是孔子所説的『仁』：自己好，也希望別人好；自己不喜歡的，也不強加給別人。『仁者，愛人』，這就是儒家思想的核心。

成人之美

君子不先人以惡，不疑人以不信，不說人之過，成人之美。

大戴禮記·曾子立事

君子不事先認爲人家不好，不用不信任的眼光猜忌人，不宣揚別人的過失，并成全人家的好事。以愛心、善心待人，是儒家所主張的爲人之道。

愛人以德

爾之愛我也不如彼。君子之愛人也以德，細人之愛人也以姑息。吾何求哉？吾得正而斃焉斯已矣。

禮記·檀弓上

你愛我還不如那個童子。君子愛人是要成全別人的美德，小人愛人是無原則的寬容。我還有什麼要求呢？我能够合乎規矩地死去，也就够了。

這是曾子臨終對兒子說的話。愛人也要有原則，不能一味地什麼都愛，要以德愛人，真正愛一個人就不能對他的錯誤姑息遷就。

愛憎唯仁

唯仁人為能愛人。能惡人。

禮記·大學

祇有有仁德的人才能做到愛憎分明。

愛憎分明，過去、現在都是人們所主張的。

犯而不校

以能問於不能。以多問於寡。有若無。實若虛。犯而不校。昔者吾友嘗從事於斯也。

論語·泰伯

有才能卻向沒有才能的人請教，知識多卻向知識少的人請教；有能力像沒有能力一樣，知識充實像空無所有一樣；別人侵犯他，他不計較。從前我的一位朋友就做到了這樣啊。

有人說這是曾子對顏回的稱贊，勾畫出了一個真正謙虛謹慎者在待人上的博大胸懷。

殺猪示信

曾子之妻之市。其子隨之而泣。其母曰。女還。顧反為女殺彘。妻適市來。曾子欲捕彘殺之。妻止之。曰。特與嬰兒戲耳。曾子曰。嬰兒非與戲也。嬰兒非有知也。待父母而學者也。聽父母之教。今子欺之。是教子欺也。母欺子。子而不信其母。非以成教也。遂烹彘也。

韓非子·外儲説左上

曾子的妻子去趕集，她的兒子哭着要跟去。她哄兒子說：『你回家去，等我回來給你殺猪吃。』妻子剛從集市回來，曾子就捉猪準備殺掉。妻子制止說：『那衹是哄騙小孩子的。』曾子說：『小孩子也不能哄騙。小孩子沒有識別能力，跟着父母學，聽父母的教導。現在你欺騙小孩子，就是教孩子欺騙。母親欺騙兒子，兒子就不相信他的母親，就無法進行誠實教育了。』于是就把猪殺掉燒肉吃了。

曾子用言行告誡人們，做一個誠實的人就要言而有信，言必行，行必果。

好善禍遠

人而好善，福雖未至，禍其遠矣。人而不好善，禍雖未至，福其遠矣。

中論·修本

人喜歡做好事，幸福即使沒有來臨，災禍却已遠離了；人不喜歡做好事，災禍即使沒有來臨，幸福却遠離了。

俗話說，「善有善報，惡有惡報」，這是因果關係吧。告誡人們多做好事，遠離惡爲。

聞善必行

吾聞夫子之三言，未之能行也。夫子見人一善而忘其百非，是夫子之易事也。夫子見人有善若己有之，是夫子之不爭也。聞善必躬親行之，然後道之，是夫子之能勞也。

說苑·雜言

我聽孔子說過三句話，但我還沒有做到。孔子見到別人做了一件好事就忘記了他一百個過錯，這說明孔子容易侍奉；孔子見到別人有了善行，就好像自己有了善行一樣，這說明孔子不與人爭；聽到善事必定親自去做，然後引導人們去做，這說明孔子善于操勞。

此處說的是孔子對待行善的態度。

好人之惡　災必逮身

好人之所惡，惡人之所好，是謂拂人之性，災必逮夫身。

禮記·大学

喜歡人們所厭惡的，厭惡人們所喜愛的，這是違背人的本性，災禍必定會降臨到自己的身上。

告誡人們，要有正確的善惡觀念。

微言篤行　行必先人　言必後人

君子博學而孱守之，微言而篤行之，行必先人，言必後人，君子終身守此悒悒。

大戴禮記·曾子立事

君子要廣泛地學習知識并小心謹慎地去實踐它，少說并堅定地去做，行動一定要在別人前面，說話一定要在別人後邊，君子應終生爲遵守好這一條而憂慮。

曾子關于言與行關係的論述比較多，這裏他談到了兩個方面：一是少說多做；二是與人共事，先做後說。

亂言弗殖　神言弗致

君子亂言而弗殖，神言弗致也，道遠日益云。

大戴禮記·曾子立事

君子不說不符合章法的話，不傳播神怪之類的話，真理的宗旨深遠，需要不斷有所增益。

君子要言之有理，說之有據，探索真理嚴肅認真。

言必有主　行必有法

君子不唱流言，不折辭，不陳人以其所能。言必有主，行必有法，親人必有方。

大戴禮記·曾子立事

君子不倡導無根據的言論，不反駁別人的批評，不宣揚自己的才能。說話一定要有根據，行動一定要有準則，親近人一定要有道理。

儒家看來，君子說話待人應注重三點：一是說真話、實話、有根據的話；二是說好話、有益的話、不惹是非的話；三是做事待人不能隨意而爲，應有一定準則。

小人一言 終身為罪

可言而不信寧無言也。君子終日言不在尤之中。小人一言終身為罪。

大戴禮記·曾子立事

說沒有真憑實據的話，寧願不說。君子誠實而有根據的話，就是天天說也不會有過錯；小人虛假而沒有根據的話，就是說上一句，一生都是過錯。

這裏的『君子言』指的是真話、好話、有益的話，『小人言』指的是假話、壞話、有害的話。俗話說，『好話千言不多，壞話一言為過』，就是這個道理。

華繁實寡 多言行寡

夫華繁而實寡者。天也。言多而行寡者。人也。

大戴禮記·曾子疾病

開花多結果少，這是大自然中常有的現象；說的多做的少，這在人類中也是常有的現象。

告誡人們少說空話、大話、假話，多幹好事、實事，少擺花架子。

眾信弗主　靈言弗與

眾信弗主，靈言弗與，人言不信不和。

大戴禮記・曾子立事

衆人都相信的話也不可以作爲根據，對説到做不到的話不要理會，別人的話不真實就不要應和。

曾子要人們敢于堅持真理，敢于堅持實事求是。

言以鄂鄂　行以戰戰

君子出言以鄂鄂，行身以戰戰，亦殆免於罪矣。

大戴禮記・曾子立事

君子説話要直言耿耿，做事要小心謹慎，這樣大概就會避免過錯了。

曾子以鄂鄂、戰戰形象的語言再次强调了説話正直、做事謹慎的重要性。

遠者以貌　近者以情

宮中雍雍，外焉肅肅，兄弟憘憘，朋友切切，遠者以貌，近者以情。

大戴禮記・曾子立事

對待家庭的人和睦，對待外人恭敬，對兄弟和順，對朋友親切，對疏遠的人禮貌相待，對親近的人待之以真誠。

人們如何和諧的相處？曾子以極其簡短的語言説出了與不同的人在交往中應持的態度。突出了和順、親切、禮貌、真誠，對我們今天構建和諧社會仍有着重要的指導意義。

孝老慈幼　友少惠賤

夫禮貴者敬焉老者孝焉幼者慈焉少者友焉賤者惠焉此禮也行之則行也立之則義也

大戴禮記·曾子制言上

禮是尊敬地位高的人，孝敬老年人，慈愛年幼的人，友愛年齡小的人，施恩于貧賤的人。這樣的禮，做到了就是有德行，樹立于天下就是正義。

在這裏曾子講了什麼是『禮』。禮是儒學的重要内容之一，但儒家最初的禮是禮儀制度。曾子爲適應當時禮崩樂壞的形勢，把屬于外在形式的禮制逐漸演化爲内在精神道德的東西。把禮説成是尊敬地位高的人，孝順老年人，慈愛年幼的人，友愛年齡小的人，施恩于貧賤的人，屬于了道德的範疇。正是由于曾子發軔的這一改造，『禮』才成爲後世精神文明建設的一個重要方面。

治國

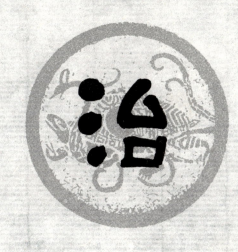

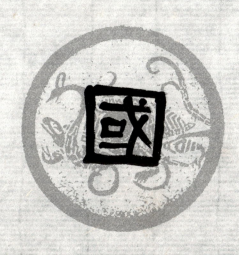

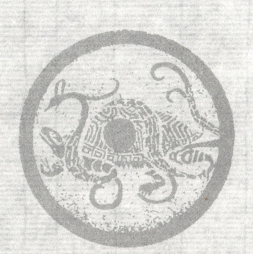

修身齊家治國平天下
古之欲明明德於天下者先治其國欲治其國者先齊其家欲齊其家者先修其身欲脩其身者先正其心欲正其心者先誠其意欲誠其意者先致其知致知在格物

禮記·大學

曾子名言

古代那些想在天下弘揚光明正大品德的人，就先治理好自己的國家；想治理好自己的國家，就先整治好自己的家庭；想整治好自己的家庭，就先修養好自身的品德；想修養好自身的品德，就先端正自己的心思；想端正好自己的心思，就先使自己的意念真誠；想使自己的意念真誠，就先使自己獲得知識；使自己獲得知識的途徑在于窮究事物的原理。

修身齊家治國平天下，是古代知識分子的進身步驟，人生追求。它體現的是目標、進取精神和社會責任，激勵着一代代仁人志士爲之奮鬥，也深深影響着中華民族憂國憂民性格的形成。『國家興亡，匹夫有責』、『位卑未敢忘憂國』不正是這種精神演化而來的嗎？

齊家治國

所謂治國必先齊其家者。其家不可教而能教人者，無之。故君子不出家而成教於國。孝者，所以事君也；悌者，所以事長也；慈者，所以使眾也。

禮記・大學

所謂治理國家必須先整治好自己的家庭，就是説，不能教化好家人而能教化好别人的人，是没有的。所以君子不必走出家門就能具備教化一國的本領。對父母的孝順可以用于侍奉君主，對兄長的恭敬可以用于服事官長，對子女的慈愛可以用于治理百姓。

國與家有着密切的聯繫。尤其是在以家族爲中心的宗法制社會中，家就是一個小小的王國，家長就是它的國王，而國家又是家天下，國王用家長制統治國家，治國與齊家是相通的，因而『君子不出家而成教于國』。進入現代社會後，家庭仍是社會的細胞，祇有每個家庭都和睦了，國家才會大治。故，『治國必先齊家』仍有現實意義。

得眾得國　失眾失國

詩云：殷之未喪師，克配上帝。儀監於殷，峻命不易。道得眾則得國，失眾則失國。

禮記・大學

《詩經》中説：『殷代没失民衆時，行爲也能配上帝。應以殷商爲借鑒，獲得天命不容易。』這是説，得到民衆的就得到國家，失去民衆的就失去國家。

民衆是國家的根本。縱觀歷朝歷代，横觀整個世界，國家的興亡，最終起决定作用的都是民衆。『得衆則得國，失衆則失國』，道出了治國的基本規律，也體現了曾子的民本思想。『民爲貴，社稷次之，君爲輕』、『水能載舟亦能覆舟』，都是與曾子的這一思想一脉相承的。我們的國家是人民當家作主的國家，民衆更是根本。

大畏民志

子曰。聽訟。吾猶人也。必也使無訟乎。無情者不得盡其辭。大畏民志。此謂知本。

禮記·大學

孔子說：『審理案件，我與別人一樣，分清是非曲直。不同的是希望訴訟的案件不再發生。』使隱瞞真實情況的人不能盡說狡辯的話，使民心民意得到尊重和敬服，這就叫做知道根本。

曾子把尊重敬服民心民意作爲根本，道出了治國就要爲民的本質要求。衹有人民當家作主的國家，才能真正做到執政爲民。

好民之好 惡民之惡

詩云。樂只君子。民之父母。民之所好好之。民之所惡惡之。此之謂民之父母。

禮記·大學

《詩經》中說：『君子真快樂，愛民如父母。』百姓喜歡的就喜歡，百姓厭惡的就厭惡，這就是所說的百姓的父母。

在兩千五百年前的社會制度下，喚出『愛民如父母』的聲音是多麼偉大啊。

言信乎群臣 澤施乎百姓

入是國也，言信乎群臣則留可也，忠行乎羣臣則仕可也，澤施乎百姓則安可也。

說苑·說叢

來到這個國家，國君說話對群臣誠信，就可以留下；群臣做事對國君盡忠，就可以在這裏做官；恩澤能够給予百姓，就可以在這裏安家。

舊時代，官員能够給百姓帶來些許好處就叫做施恩。在那個時代，曾子把施恩作爲治國的最高等級看待，也是難能可貴的。

國以義爲利

國不以利爲利，以義爲利也。

禮記·大學

國家不應把財利作爲根本利益，而應把仁義作爲根本利益。

『以利爲利』還是『以義爲利』是一個價值觀問題，也是治國者的治國理念、治國原則問題。

天下以仁為尊

君子以仁為尊。天下之為富，何為富？則仁為富也。天下之為貴，何為貴？則仁為貴也。

大戴禮記·曾子制言中

君子認爲仁德最爲珍貴。富有天下四海之内叫做富有嗎？衹有擁有仁德才叫富有。貴爲帝王天子叫做尊貴嗎？衹有擁有仁德才叫尊貴。

『仁和富貴』與『義和利』一樣，同是個價值觀問題，也是治國者的治國理念與原則問題。

有德此有人 有人此有土

君子先慎乎德。有德此有人，有人此有土，有土此有財，有財此有用。

禮記·大學

君子首先要慎重地修養德行，有了德行才會有民衆，有了民衆才會有國土，有了國土才會有財富，有了財富才會供給使用。

治國者以義爲利并不是不要財，而是『君子愛財，取之有道』。曾子在此爲治國者指出了一條正確的取財之道：先要有德政，通過德政取得民衆和國土，再通過民衆和國土得到財富。也就是『德政——民衆——財富』三部曲。

忠信得之　驕泰失之

好人之所惡，惡人之所好，是謂拂人之性，災必逮夫身。是故君子有大道，必忠信以得之，驕泰以失之。

禮記·大学

喜愛人們所厭惡的，厭惡人們所喜愛的，這是違背人的本性，灾禍必定要降落到自己身上。因此，做國君有個大原則，忠厚誠實的人一定要得到他，驕横放縱的人一定要丢弃他。

這裏講的是治國者的用人問題。曾子提出的用人路綫在重德，用人唯賢，德才施用。曾子把它看作是『大道』，强調了它的重要性。

舉賢退惡

見賢而不能舉，舉而不能先，命也；見不善而不能退，退而不能遠，過也。

禮記·大学

發現賢人不能舉薦，或雖舉薦了却不能讓他處在自己前面，這是怠慢；發現惡人不能斥退，或雖斥退了却不能驅逐到遠方，這是過錯。

這裏講臣者薦才問題。特别提出要能把『賢』過自己的人舉薦到比自己更高的位置上。做到這一點，不僅要有慧眼，還要有博大的胸懷。這一點在今天也是難能可貴的。

事父可以事君　事兄可以事師長

事父可以事君。事兄可以事師長。使子猶使臣也。使弟猶使承嗣也。能取朋友者，亦能取所予從政者矣。賜與其宮室，亦猶慶賞於國也。忿怒其臣妾，亦猶用刑罰於萬民也。是故為善必自內始也。內人怨之，雖外人亦不能立也。

大戴禮記·曾子立事

能侍奉好父親就可以侍奉好君主，能服事好哥哥就可以侍奉好老師和長輩；使喚兒子如同使喚臣下，使喚弟弟如同使喚長子；能獲得朋友的人，也能獲得一同從政的同事，賞賜自己的妻妾，就如同國家給人慶賞；忿恨自己的奴僕，就如同懲罰民衆。所以做好事必須從自己家裏開始，自己家裏人怨恨你，那麽你也没有能力把國家治理好。

這裏講處理好家庭關係與治理國家的關係問題。孝，都是基礎。

安上治民

曾子有問子曰安上治民莫善於禮禮者敬而已矣故敬其父則子悅敬其兄則弟悅敬其君則臣悅敬一人而千萬人悅所敬者寡而悅者衆此之謂要道也

孝經·廣要道章

曾子請教問題，孔子說：「安定國家，治理百姓，沒有比用禮更好的辦法。所謂禮，就是尊敬罷了！尊敬他的父親，做兒子的就高興；尊敬他的哥哥，做弟弟的就高興；尊敬他的君主，做臣下的就高興。尊敬一個人而千萬人高興，所尊敬的人少而感到高興的人多，這就是重要的道理。」

聖人把安定國家，治理百姓，作爲治國的基本任務。

移風易俗

曾子有問子曰教民親愛莫善於孝教民禮順莫善於悌移風易俗莫善于樂安上治民莫善於禮

孝經·廣要道章

曾子請教問題，孔子說：「教導百姓親愛，沒有比用孝更好的辦法；教導百姓禮貌順服，沒有比用悌（愛兄長）更好的辦法；轉變風俗習慣，沒有比用音樂更好的辦法；安定國家，治理百姓，沒有比用禮更好的辦法。」

移風易俗是我們至今仍然常用的一個成語。

教可化民

曾子有問子曰先王見教之可以化民也是故先之以博愛而民莫遺其親陳之於德義而民興行先之以敬讓而民不爭導之以禮樂而民和睦示之以好惡而民知禁

孝經·三才章

先王看到教化可以轉變人心風俗，所以先做到廣泛地施愛，于是百姓沒有拋弃自己父母的；向他們宣揚道德和正義，于是百姓就喜歡依照道德和正義去做；先做到待人恭敬禮讓，于是百姓就不相互爭奪；用禮樂引導啓發他們，于是百姓就和睦相處；用事例告訴人們好壞的標準，于是百姓就知道哪些是該禁忌的。

教化德治是儒家的治國主張，『教可化民』非常精練地説出了注重教化的原因。對國民進行道德素質教育永遠是治國者的一項重要任務。

上老老而民興孝 上恤孤而民不倍

所謂平天下在治其國者上老老而民興孝上長長而民興弟上恤孤而民不倍是以君子有絜矩之道也

禮記·大学

所謂平定天下在于治理好國家，就是説在上位的人尊敬老人，百姓就會孝順自己的父母；在上位的人尊敬長輩，百姓就會尊重自己的兄長；在上位的人憐愛孤兒，百姓也會跟着去做。所以君子自有規範百姓行爲的方法。

以身作則，是儒家最看重的治國方法，孔子多次强調治國者表率作用的重要性。榜樣的力量是無窮的。

國奢以儉 國儉以禮

國無道君子恥盈禮焉國奢則示之以儉國儉則示之以禮

禮記·檀弓下

國君無道，君子耻于把禮儀細節都做到。國人奢侈，就用節儉來教導他們；國人節儉，就用禮儀來教導他們。

奢與儉是治國問題，也是民風、社風問題。

為

政

進則能達 退則能靜

君子進則能達退則能靜豈貴其能達哉貴其有功也豈貴其能靜哉貴其能守也

大戴禮記·曾子制言中

君子爲官就能通達，退隱就能靜養。難道是看重的他的通達嗎？看重的是他有功；難道是看重的他的靜養嗎？看重的是他能堅持操守。

『進則能達，退則能靜』是從政者的原則與要求。『爲官一任，造福一方』；退休不退志，保持本色。

進思盡忠 退思補過

曾子有問孔子曰君子之事上也進思盡忠退思補過將順其美匡救其惡故上下能相親也

孝經·事君章

曾子請教問題，孔子說：『君子奉事君主，做事就要考慮如何竭盡全力，事後就要考慮有沒有過錯，怎樣彌補，奉行順從君主美好的言行，糾正制止君主的錯誤舉動，所以君臣上下的關係親密。』

這是從政者的做事原則。這裏的『事上』，不能單純理解爲奉事君主，在『君王即國家』的時代，做官就是『事上』。這裏的『進思盡忠，退思補過』與『日旦就業，夕而自省』是一致的，事業與修身相結合。從政者不僅自己要『進思盡忠，退思補過』，對君主也不是一味順從，而是『將順其美，匡救其惡』。

益上之譽　損下之憂

君子進則能益上之譽而損下之憂。不得志不安貴位。不博厚祿。負耜而行道。凍餓而守仁。則君子之義也。

大戴禮記·曾子制言中

君子做官就要給國家加添聲譽，并能減少百姓的憂愁。如果自己的意志得不到國君的理解，就不要安居高位，不去討取豐厚的俸祿。就是幹農活，當普通百姓，也要推行自己的政治主張，即使挨凍受餓也要堅持仁愛。這就是君子大義的表現。

這是對『進則能達，退則能靜』的進一步解釋。

食人之祿　憂人之事

食人之祿。則憂人之事。

孔子家語·七十二弟子解

接受人家的俸祿，就要爲人家的事擔憂。

在其位就要謀其政。

恭而不難 安而不舒

君子恭而不難。安而不舒。遜而不諂。寬而不縱。惠而不儉。直而不徑。亦可謂知矣。

大戴禮記·曾子立事

君子謹守其職却不嫌勞苦，環境安適却不懈怠，待人謙遜却不獻媚，寬厚却不放縱，給人好處并不吝嗇，正直而不求捷徑，就可以說是懂道理了。

這是講爲人處事的態度，特別是從政者應持的態度。做事盡職盡責，待人謙虚寬厚，給人好處不吝嗇。

以善爲寶

康誥曰。惟命不於常。道善則得之。不善則失之矣。楚書曰。楚國無以爲寶。惟善以爲寶。

禮記·大學

《尚書·康誥》中說：『天命不是永久的。』這是說，行善就會得到天命，不行善就會失去天命。《國語·楚語》中說：『楚國没有什麽可以作爲寶，衹是把美德作爲寶。』

善就是美德。孔子强調『爲政以德』，用道德治理國家，從政者就要把美德作爲寶。

執仁立志

君子執仁立志。先行後言。千里之外皆為兄弟。苟是之不為，則雖汝親，庸孰能親汝乎。

大戴禮記·曾子制言上

君子堅持仁愛，堅定志向，先做後說，千里之外都是兄弟。假如你不這樣做，那麼即使是你的親人，那又有誰肯親近你呢！

從政者執仁立志就是有美德，人們就親近，千里之外都一樣！

富潤屋 德潤身

富潤屋，德潤身，心廣體胖，故君子必誠其意。

禮記·大學

財富衹可修飾房屋，德行才可修飾自身形象，心胸寬廣可以使身體舒泰安詳，所以君子一定要使自己的意念真誠。

曾子對從政者說，高尚的道德情操，遠遠要比金錢財富重要。不僅要有高尚的情操，還要具有寬廣的胸懷。

狎甚則相簡 莊甚則不親

狎甚則相簡也，莊甚則不親。是故君子之狎足以交歡，莊足以成禮而已。

說苑·說叢

過于親近就會相互怠慢，過于莊重就會不親近。因此，親近能够使結交得到歡心，莊重能够成就禮儀，就可以了。

曾子提出要處理好上下級之間的關係，應把握好『狎』與『莊』之間的度，不能過也不能不及。這就是領導藝術方面的問題了。

思不出位

君子思不出其位。

論語·憲問

君子考慮問題不超出自己的職務範圍。

『思不出其位』，就是現代管理學上的定位論，各在其位，各司其職，分工合作，做好工作。衹有『思不出其位』，才有精力扎扎實實做好本職工作，做到不虛位；衹有『思不出其位』，才不會亂了指揮系統，防止越位和錯位的現象發生，從而保證整個工作的正常運作。因此，『思不出其位』，是符合管理學原理的，并不能簡單地把它說成是『事不關己，高高挂起』的利己主義。

先憂後樂

居上位而不淫，臨事而栗者，鮮不濟矣。先憂事者後樂事，先樂事者後憂事。

大戴禮記·曾子立事

居于高位而做事不過分，遇事而謹慎的人，很少有不成功的。先憂慮于事而後才會安樂于事，先安樂于事而後就會憂愁于事。

先憂後樂是一個辯證關係。曾子在這裏說的是對事，宋代范仲淹在《岳陽樓記》中用以對人，留下了「先天下之憂而憂，後天下之樂而樂」的著名詩句。兩個「先憂後樂」都需要有高度的責任感。不同的是，前者還要有高度的事業心，後者則對人民有着高度的同情心。兩個「先憂後樂」都應該成爲我們的座右銘。

官怠於宦成　禍生於懈惰　慎終如始

君子苟能無以利害身，則辱安從至乎。官怠於宦成，病加於少愈，禍生于懈惰，孝衰於妻子。察此四者，慎終如始。

說苑·敬慎

君子假如不以利害身，那麼恥辱怎麼會到自己身上呢？官員鬆懈在官職成就的時候，病情加重在稍微好轉的時候，禍害發生在懈惰的時候，孝順減退在有妻子兒女的時候。考察這四個方面，多麼需要像開始一樣慎重到終結。

人越是在有成就的時候或做事順利的時候越容易放鬆警惕，也恰恰此時最容易出現問題。因此，任何時候都要謹慎，越是有成就或做事順利的時候越要嚴格要求自己，做到善始善終。

好而知其惡，惡而知其美。

好而知其惡而知其美者天下鮮矣。故諺有之曰：人莫知其子之惡，莫知其苗之碩。

禮記·大學

喜歡一個人又能知道他的缺點，憎惡一個人又能知道他的優點，這樣的人天下少有啊！所以有諺語說：『溺愛子女的人看不到他孩子的壞處，貪心的農夫看不到他莊稼的茂盛。』

感情不同往往影響着對人的看法。對親近的人常有所偏愛，因而看不到他的缺點，對憎惡的人常有所偏恨，因而看不到他的優點，因此對他們常不能公正對待。所以，從政者必須去掉偏心和偏見，全面看待每一個人，力爭做到對每一個人都客觀公正。特別要注意管好自己、親屬子女和身邊的人。

受人者畏人　予人者驕人

曾子衣弊衣以耕，魯君使人往致邑焉。曾子不受，反復往，又不受。曾子曰：臣聞之，受人者畏人，予人者驕人。縱君有賜不我驕也，我能勿畏乎？

說苑·立節

曾子穿着破舊的衣服在農田裏耕作，魯國國君派人去贈送給他采邑，曾子不接受。再次前往，還是不接受。曾子說：『我聽說，接受別人贈送的人往往害怕贈送人，贈送人往往對接受人表現出驕縱，即使國君贈送我采邑而對我不驕縱，我能不害怕嗎？』

從政者應嚴格要求自己，不能隨便接受別人的饋贈。

見利思辱 見惡思詬

君子見利思辱。見惡思詬。嗜欲思恥。忿怒思患。君子終身守此戰戰也。

大戴禮記・曾子立事

君子見到利益就要想到由此而可能引起對名聲的損害，見到不好的事就要想到由此而可能帶來的指責，貪戀情欲就要想到由此可能產生的恥辱，生氣惱怒就要想到由此控制不住而可能發生的禍患，君子應終生爲遵守好這一條而戰戰兢兢。

從四個方面警示自己，保持一身清正廉潔。

行不義不為 長不仁不事

凡行不義則吾不事。不仁則吾不長。

大戴禮記・曾子制言下

凡是不符合道義的行爲自己就不做，凡是不仁德的人自己就不尊重他。

用今天的話說，就是要堅持原則。

理財

德本財末

德者本也。財者末也。外本內末，爭民施奪。

禮記·大學

德行是根本，財富是末梢，如果把根本當成外在的東西而把枝末當成內在根本，那就是與百姓爭奪利益。

『德本財末』是個治國方略問題。

財聚民散　財散民聚

財聚則民散，財散則民聚。

禮記·大學

治國者聚斂財富，民眾就會離散；治國者散財于民，民眾就會歸聚。

『財聚民散，財散民聚』是財富分配、治國方略問題，涉及國家大局。

以財發身

仁者以財發身。不仁者以身發財。

禮記·大學

有仁德的人使用財富來完善自身品德，沒有仁德的人犧牲自身品德以求發財。

是仗義疏財還是巧取豪奪，是兩種人格、兩種品德的鮮明對比。告誡人們要以義取財、以財修德。

悖入悖出

言悖而出者亦悖而入，貨悖而入者亦悖而出。

禮記·大學

對人說話不講道理，別人也會用不講道理的話回答；用不正當手段得到的財物，別人也會用不正常的手段拿走。

『種瓜得瓜，種豆得豆』，要人們以理服人，取財有道。

生財有道　生之者衆　食之者寡

生財有大道，生之者衆，食之者寡，爲之者疾，用之者舒，則財恒足矣。

禮記·大學

生發財富有個正確的方法，要使生產的人多，消費的人少，生財的勤奮，用財的節省，那麼財富就可以經常充足了。

此言很富有經濟學色彩，淺顯易懂而勿庸置疑。簡言之，就是開源節流，這仍是我們今天理財的原則。

高而不危　滿而不溢

曾子有問子曰在上不驕高而不危制節謹度滿而不溢

孝經・諸侯章

曾子請教問題，孔子說：『處在上位而不放縱，地位高也不會出現危險；控制開支，節約費用，慎重地執行禮儀法度，財富充實也不會遺失。』

追求長久富貴是人之常情。怎樣長久富貴，此言道出了簡單而不易做到的方法：不驕奢淫逸，堅守制度，勤儉節約。這仍是我們今天應把握的方法。

貧不勝憂　富不勝樂

弟子不學古知之矣貧者不勝其憂富者不勝其樂

博物志・雜說上

我没上學前就開始懂得這個道理了，貧窮的人禁不起憂患，富有的人禁不起享樂。

成由勤儉敗由奢，『富不勝樂』是人們應該常常記起的。

自

然

物有本末 事有終始

物有本末，事有終始，知所先後，則近道矣。

禮記·大學

世上萬物都有根本和枝節，世間萬事都有開始和結束，明白了他們的先後秩序，就接近事物的發展規律了。

世上萬事萬物都是有發生、發展、結束規律的。在那個年代能講到這個程度是了不起的。

天圓地方

天之所生上首，地之所生下首。上首之謂圓，下首之謂方。如誠天圓而地方，則是四角之不揜也。且來，我語汝。參嘗聞之夫子曰：天道曰圓，地道曰方，方曰幽而圓曰明。明者，吐氣者也，是故外景；幽者，含氣者也，是故內景。故火日外景，而金

水內景吐氣者施而含氣者化是以陽施而陰化也

大戴禮記・曾子天圓

上天所化生的事物先從上邊開始，大地所化生的事物先從下邊開始。從上邊開始的叫做圓，從下邊開始的叫做方。如果真的上天是圓的而大地是方的，那麼大地的四個角就得不到覆蓋了。過來，我告訴你。我曾聽孔子說：天的事理叫做圓，地的事理叫做方，方幽暗，圓明亮。明亮的是發出氣的，因此它的光在外；幽暗的是容納氣的，因此它的光在內，所以火和太陽的光在外，金和水的光在內。發出氣的給予，容納氣的化生，這就是陽性的給予而陰性的化生。

這是儒家第一篇談宇宙觀的文章，形成了自己的自然天道觀。這在當時是非常有進步意義的。

陰陽神靈　品物之本

陽之精氣曰神，陰之精氣曰靈，神靈者品物之本也，而禮樂仁義之祖也，而善否治亂所興作也。陰陽之氣各從其所則靜矣，偏則風，俱則雷，交則電，亂則霧，和則雨。陽氣勝則散為雨露，陰氣勝則凝為霜雪。陽之專氣為雹，陰之專氣為霰。霰雹者一氣之化也。

大戴禮記・曾子天圓

陽的精氣叫做神，陰的精氣叫做靈。神靈是人類和萬物的根本，禮樂仁義由此發端，社會的安定與動亂也由此而產生。陰氣和陽氣平靜地在各自的位置上，就平静，一方偏强就會刮風，雙方都强就會打雷，二者交會過急就有閃電，陰陽職能發生錯亂就會起霧，雙方和諧相會就會下雨。陽氣勝過陰氣就散爲雨露，陰氣勝過陽氣就凝結成霜雪。陽氣單獨在雨就會轉爲冰雹，陰氣單獨在雨就會轉爲霰粒，霰粒和冰雹，是單獨一氣化生的。

曾子提出，陰陽二氣的精華是世上萬事萬物的根本，這就否定了上帝造世説。曾子也談神靈，但把陽氣的精華稱爲『神』，陰氣的精華稱爲『靈』。這在當時都是非常先進的思想。曾子還詳細介紹了各種自然現象是如何由陰陽二氣變化所引起的，給人以十分可信的印象。

人為倮生　陰陽之精

毛蟲毛而後生羽蟲羽而後生毛羽之蟲陽氣之所生也介蟲介而後生鱗蟲鱗而後生介鱗之蟲陰氣之所生也唯人為倮匈而後生也陰陽之精也毛蟲之精者曰麟羽蟲之精者曰鳳介蟲之精者曰龜鱗蟲之精者曰龍倮蟲之精者

曰聖人龍非風不舉，龜非火不兆，此皆陰陽之際也。茲四者所以役於聖人也，是故聖人爲天地主，爲山川主，爲鬼神主，爲宗廟主。

大戴禮記·曾子天圓

獸類動物長毛以後才能生存，鳥類動物長全羽毛以後才能生存，獸類和鳥類動物是陽氣所化生的。龜科動物長有甲殼以後才能生存，魚龍一類動物長滿鱗片以後才能生存，龜和魚龍一類動物是陰氣所化生的。祇有人没有毛、羽、鱗、甲就能生存，人是陰陽兩氣的精華。獸類的精華是麒麟，鳥類的精華是鳳凰，龜科動物的精華是龜，魚龍類動物的精華是龍，人類的精華是聖人。龍不借助風力就不能騰空，龜甲不用火燒灼就顯示不出卜兆，這都需要陰氣和陽氣的交合。麟、鳳、龜、龍這四種動物，之所以都被聖人所役使，是因爲聖人是天地的主管人，是山川的主管人，是四方百物的主管人，是宗廟的主管人。

曾子在闡述世間各種生物都分别是陰氣和陽氣所化生之後，講了人與自然的關係。他認爲人是陰陽二氣的精華，聖人又是人中的精華。因此，聖人是天地間的主人。禮樂仁義都是聖人依據自然規律制定的。這就使孔子的學説與自然天道觀有機結合起來，從根本上捍衛了孔子的學説，大大擴展了儒家學派的理論陣地。

艸木以時伐，禽獸以時殺。草木以時伐焉，禽獸以時殺焉。夫子曰：伐一木，殺一獸，不以其時，非孝也。

大戴禮記·曾子大孝

草木要依照時節砍伐，禽獸要依照時節宰殺。孔子説：『砍伐一棵樹木，宰殺一隻禽獸，不依照時節，就要擔負和不孝一樣的惡名。』

中國傳統的哲學觀念是天人合一的，人與大自然是相互依存的，人能改造自然，但不能違背自然規律，不能破壞生態平衡；反之，人類就會受到懲罰。『草木以時伐，禽獸以時殺』，就是説的這個道理。這與我們今天保護環境的基本國策是一致的。

白沙在泥　與之皆黑

殺六畜不當及親吾信之矣使民不時失國吾信之矣蓬生麻中不扶自直白沙在泥與之皆黑

大戴禮記·曾子制言上

宰殺家畜不適當，會涉及到父母，我相信；役使民衆不合時令，會失去國家，我相信。蓬草生長在麻地裏，不用扶自直；白沙放在黑泥裏，與泥一樣都是黑的。

此言進一步説明，不僅人與自然界是相互聯繫相互影響的，人與人之間也是相互聯繫相互影響的，生物與生物之間也是相互聯繫相互影響的。也就是説，自然界的事物都是相互聯繫相互影響的，人們不能孤立地看問題。

久入蘭室　不聞其香

與君子游苾乎如入蘭芷之室久而不聞則與之化矣與小人游貸乎如入鮑魚之次久而不聞則與之化矣是故君子慎其所去就

大戴禮記·曾子疾病

與君子交往，芳香就好像進了存放蘭芷的房間，時間長了就聞不到它的香味了，這是與它同化了；與没有德行的人交往，腥臭就好像走進存放鮑魚的地方，時間長了就聞不到它的臭味了，這同樣是與它同化了。因此，君子要慎重地選擇他去生活的地方。

環境對人是有重大影響的。不同的環境可能就養成不同的品格和習性。因此，人必須慎重選擇所處的環境。

其他

出爾反爾

戒之。戒之。出乎爾者。反乎爾者也。

孟子·梁惠王下

警惕啊，警惕！你怎樣對待別人，別人將怎樣回報你。

出乎爾者，反乎爾者，就是我們常說的『你不仁，我不義』，『一報還一報』，近似于『以其人之道還治其人之身』的意思。其實，不仁、不義都是不對的，怨怨相報何時了，祇會矛盾越鬧越大，危及社會的和諧。因而要『戒之，戒之』。後來，出爾反爾演變成成語，則成了言行前後矛盾，反復無常的意思了。

脅肩諂笑

脅肩諂笑。病於夏畦。

孟子·滕文公下

聳起兩肩，做出討好的笑臉，那種樣子比夏天在畦田裏勞動還要令人難受。

孔子說的『巧言令色』(花言巧語，一副討好人的臉色)和曾子說的『脅肩諂笑』，活活勾畫出一副諂媚者的僞君子形象。

無所不用其極

湯之盤銘曰。苟日新。日日新。又日新。康誥曰。作新民。詩曰。周雖舊邦。其命維新。是故君子無所不用其極。

禮記·大學

商湯王浴盆上的銘文說：『如果能够一天新，就應該保持天天新，而且新了還要新。』《尚書·康誥》說：『鼓舞人們弃舊圖新。』《詩經·文王》說：『周雖然是一個舊的邦國，但它接受的天命是新的。』因此，爲了弃舊圖新，君子沒有什麼辦法不應該用盡的。

『無所不用其極』原意是對革新而言的。短短一段文字，引經據典，用了五個『新』字。看出來，儒家是倡導革新的。革新就要闖新路，需要不斷探索，所以就要『無所不用其極』，什麼辦法都用盡，在比較中選擇正確的路子。『無所不用其極』作爲成語，後來意思演變成什麼極端的手段都使得出來，含有了貶意。

無所不至

小人閑居為不善，無所不至，見君子而後厭然，掩其不善而著其善。人之視己，如見其肺肝然，則何益矣。

禮記·大学

品德低下的人在私下裏做不好的事，什麼都幹得出來，見到君子以後却躲躲藏藏地把不好的掩蓋起來，把好的顯示出來。豈不知，人們看他，就像能看到他的肺肝一樣，躲藏掩蓋又有什麼益處呢！

無所不至，原意是沒有達不到的地方，多用以指什麼壞事都幹得出來。曾子用這段話警告那些僞君子：做了壞事掩蓋是沒有用處的，要老老實實，不要自欺欺人。

間不容髮

律居陰而治陽，曆居陽而治陰，律曆迭相治也，其間不容髮。

大戴禮記·曾子天圓

音律屬于陰性却用來治理陽性的事物，曆法屬于陽性却用來治理陰性的事物，音律和曆法交相治理，它們之間嚴密得容不下一根頭髮。

間不容髮的原意是間隙容不下一根頭髮，形容嚴密、嚴謹。曾子此話是説，聖人用以治理社會所制定的禮樂仁義律曆都是依據自然規律制定的，是非常周密嚴謹的。『間不容髮』作爲成語，後也用于比喻情勢危急。

捉衿見肘

曾子居衛，缊袍無表，顏色腫噲，手足胼胝。三日不舉火，十年不製衣，正冠而纓絕，捉衿而肘見，納屨而踵決。曳縰而歌商頌，聲滿天地，若出金石。天子不得臣，諸侯不得友。

莊子·讓王

曾子名言

成語格言專集

曾子居住在衛國時，穿着以亂麻爲絮的袍子沒有完整的表面，面色浮腫，手上和脚上都有老繭，常連續三天不生火做飯，十年不做一件衣服，戴正帽子却沒了帽帶，抓住衣衿就露出了胳臂，穿上鞋子脚後跟就裂開了。飄搖着束髮帛咏唱《商頌》，聲音充滿天地之間，像敲響的鐘磬。天子得不到他做臣下，諸侯得不到他做朋友。

《莊子》中這段話描繪出了曾子貧而樂道的形象，正像曾子自己所説的：雖然貧窮，但持有的操守更加堅定。

名聞天下

曾子七十乃學，名聞天下。

顏氏家訓

曾子七十歲才開始研究學問，著書立説，却能名聞天下。

曾子七十歲才開始著書立説，而功成名就。我們要學習這種精神。

後記

《曾子名言》——成语格言专集之二的书写、研究過程，也是我学习传统文化的過程，我愿把粗浅的体会写出来，汇报给编委会各位同志：

一、孝道問題。曾子以孝著称於世，编撰《孝经》传世。曾子的孝道观集中体现在：孝敬父母——报效國家——建功立業"三部曲"上。曾子把孝作为做人的根本，对孝是放之四海而皆准的道理作了深刻闡述，對三部曲之間的关係作了入情入理的剖析，對后人影响很大。自古以来，忠孝一直是紧密联系在一起的，岳母刺字的故事千古流传，家喻户晓。孝心是家庭和睦、社會和谐的基礎，至今仍有深刻的现实意義。曾子三部曲的孝道觀大是放之四海而皆准的。

二、修身問題。古為修身，今為修養。劉少奇的《論共產黨員的修養》一書，文革遭批後就很少有人論及此事。我覺得這面旗子應舉起來，應高高舉起來。因為它是育人的一大課題，是做人的天大課題，也是做官的天大課題，必須高高舉起來。曾子關於修身的論述是一部極豐富極其深刻的教科書。他在大學中對修身的重要性作了精闢的論述，指出：「自天子以至於庶人，壹是皆以修身為本。其本亂而末治者否矣」。可見修養不是小事，是大事；不是個人之事，也是國家之大事。說到家了。他對修身問題作了很多論述，集中體現在四個環節上：一是立志。「修身在正其心」，正其心就是要有遠大的理想與抱負。「士不可以不弘毅，任重而道遠"……"先憂事者後樂事"。這些思想都深刻影响着後人，成為歷代仁人志士的高崇的情懷，以國家為懷，以人民為念，范仲淹發出了"先天下之憂而憂，后天下之樂而樂"的千古絕唱，傳為激勵後人的名言佳句。二是實踐，修身不是空而論道，是在實踐中進行的，是在和錯誤的、丑惡的東西較量（斗争）中磨練而成的。在"懼之不恐，恐之不懼"

的條目中，曾子引出了九種現象，設了關口九道。這九道關口至今仍然存在，是今人修養要過的關口，指導性是何等的強呀！還要特別指出的是，倘若還要經得起邪惡勢力的考驗，在和邪惡作斗爭的生死關頭要臨危不懼，大義凜然，"視死如歸""死而後已"。諸葛亮說出了"鞠躬盡瘁，死而後已"的忠貞心情懷，文天祥高唱"人生自古誰無死，留取丹心照汗青」，凜然傲骨，千古流芳，影響千古，激勵千古。三是自省。「吾日三省吾身」，路人皆知。如果按此修身，難道還有不可戰勝的難題嗎？四是慎獨。曾子的修身思想最難得的是「慎獨」觀。天下最難的是自己管自己，特別是在一個人獨處的時候，在有了一定權勢的時候管住自己不越軌，這才是最難最難的。越是難越重要，越難越要過——這大概就是曾子的一番苦心吧！

三、成才之路問題。曾子提出修、齊、治、平的觀點後，經孟子深化、完善，歷千年來成了學者的修身步驟，人生追求，它體現的目標、進取精神，和社會責任激勵著一代又一代仁人志士為之奮斗，也深深影響著中華民族憂國憂民性格的形成。「國家興亡，匹夫有責」，「位卑未敢忘憂國」，不正是這種精神——演化來的嗎？！

這種現象會引人深思的問題：修身、齊家、治國、平天下四個步驟相互依存、相互聯系、環環相扣、缺一不可。是一個科學的体系，確實成為培養人才的步驟、路子。這是非常可貴的。這條路子沒有官方規定，僅是聖人之言，但它卻成為古代知識的進身規程，溶化在血液里，自覺遵循，而且千百年相續，這是多么不可思議，多麼神奇，聯想到今天這條路子還能不能延續下去，還要不要延續下去，還有，今人要不要有一條類似的路子，誰來提出誰來制訂這條路子？著著。這僅是隨書聯想而已。

四、治國方略問題。有兩個觀點必須大書一筆。其一是理財。曾子在《大學》中僅僅用了十個字："財聚則民散，財散則民聚"，就道出了深刻的財富分配原則、治國方略問題。一個國家，一個單位，一個企業，都是如此。財富分配體現了分配者的價值取向，財富分配的多寡事關方方面面的利益格局，關乎到人心的向背，關乎到對權力的向心力、凝聚力，甚至關系到政權的安危。從某種角度來講，分配就是政治，就是全局，甚至說是最大的政治，最大的全局。第二是民衆。民衆是國家的根本。從歷朝歷代，横觀整個世界，國家的興亡衰絶起決定作用的都是民衆。"得衆則得國，失衆則失國"。這十個大字，道出了治國的基本規律，是制定國策的治國方略，體現了民本思想。孟子則加以引申、强化，明確提出了"民爲貴，社稷次之，君爲輕"的民貴君輕的思想，極大的影响着歷來的統治者。唐朝魏徵形象地强調了"水能載舟，亦能覆舟"的道理，成爲貞觀之治的思想路线，歷代封建统者，特别是開國帝王，显于前车之鉴，大多採取了一些有利於民众的政策，在一定程度上推進了社會的進步和发展。

五、實踐觀問題。曾子把孔子学说变為可以行之的学说，增强了儒学的实踐性。可以说，曾子是最早的实踐者、論者。曾子把实踐觀貫穿到他的整個学说，形成了體系。其一，实踐的重要性。他的高明之處就在於，認為知識来源于实踐。他说：“言不遠身，言之主也；行不遠身，行之本也。言有主，行有本，謂之有聞也矣。”其二，實踐的全面性。他把實踐貫穿到孝道、学習、修身、齊家、治國、為政等各個方面。他對学習下的定義就包括实踐：“君子攻其惡，求其過，强其所不能，去私欲，從事于義，可謂学矣"。其三實踐的整體性。實踐者不分上下，不分尊卑，不以分学者与教者，都要身体力行。其四實踐的系統性。曾子把實踐分為"思考、論證、行動、檢驗"四個階段。"思而后動，論而後行，行必思言之，言必思復之"，完全符合人的認識規律。其五實踐的自覺性。曾子的可貴之處在于言行一致，他要求別人做到的，他首先做到。講孝，他身體力行，講修身，他"日三省身"，這種精神至今仍需要發揚光大。特別值得一提的是，由於他重視實踐，寫出了儒家第一篇談宇宙觀的文章，形成了自己的自然天道觀，這在當時是難能可貴的。

六、曾子的地位問題。曾子是繼孔子之後著名的教育家和思想家，他不僅在儒學的發展上起到了無可替代的作用，在整個中華文化發展史上也有着極其重要的地位。第一，曾子是將孔子學說真諦承傳于後世的"第一人"，沒有曾子便沒有后世的傳統儒學。曾子一生好学，對孔子学說領會貫通，在孔子三千弟子中"獨得其宗"。他帶領弟子編輯《論語》，使孔子思想流傳於后世。他上承孔子，下啟思孟，在儒学發展史中居承上啟下的作用地位。第二，曾子继承、豐富、發展了孔子思想。他不僅把孔子孝的思想、修身思想大大向前推進了一步，與"仁"一起成為儒家學說的核心內容，而且在其他許多方面也有新的建樹。例如，在世界觀上，提出了自然天道觀，將陰陽学說引入孔子思想體系；在倫理思想上，把禮節儀式之"禮"演化為待人恭敬謙虛、禮貌之"禮"，給"禮"賦予了積極意義，在認識論上拓寬了展了孔子重實踐的思想，把孔子的學說變為可實踐的學說，等等。可以說，曾子思想是中國歷史文化寶庫中的重要組成部分。第三，曾子是做人的楷模。他一生嚴於律己，如臨深淵，如履薄冰地謹慎修身，形成了高崇的道德品質和完美的人格，成為人們修身治世的榜樣，為人處世的榜樣。在百家爭鳴的戰國時代，包括孔子在內的許多大思想家大理論家都曾受到過攻擊，唯獨曾子始終保持了正面形象。不僅儒家著作有其厚重的記載，而且道家、法家、雜家也一再以正面形象提到曾子其人。曾子的人格力量，影響着一代一代知識分子和仁人志士的成長。

在寫編寫過程中，得到了編委各位同志的鼎力幫助，在此表示感謝！

曾子名言

後記

在編著出版過程中，得到了曾憲祥博士的支持、鼓勵與肯定，在這裏表示感謝

撰書於曾子故里嘉祥縣機關招待所

丁亥仲夏端午節 曾子研究院名譽院長、全國書協會員 高昌禮